Gudrun Mebs
Petersilie, Katzenkind

Gudrun Mebs

Petersilie, Katzenkind

Mit Bildern von Susann Opel-Götz

Nagel & Kimche

Die Nacht ist rabenschwarz
um Mitternacht.
Der Mann im kleinen Haus
kann nicht mehr schlafen.
Der Wind hat ihn geweckt.
Der tobt ums Haus
und rüttelt am Dach,
als wolle er hinein.

«Ich geh' hinaus
und schau mal nach den Katzen»,
flüstert der Mann
zur schlafenden Frau.
Er greift nach seinen Schlappen.
«Die Miezen fürchten sich doch so,
wenn's stürmt!»
«Ach was», gähnt die Frau.
«Die haben's warm und gut im Schuppen.
Aber wenn du schon
in den Garten gehst,
bringst du mir Petersilie mit
für morgen?»
«Wenn ich sie finde
in der Finsternis»,
antwortet der Mann.
Und schon ist er draußen
im nachtschwarzen Garten.

Der Wind zaust ihm die Haare
und zerrt an seinem Schlafanzug.
Und hätten seine Schlappen-Füße
den Weg zum Schuppen
nicht von selbst gewußt,
dann hätte er ihn nicht gefunden.
So finster ist die Nacht.
Im Schuppen macht er Licht.

Da liegen sie, die Katzen,
Pelz an Pelz, Pfote über Pfote,
ein bunter Fellteppich
auf dem Feuerholz.
Zwei kuscheln in der Schubkarre
und drei im alten Mottensessel.

Und alle heben die Köpfe
und spitzen die Ohren
und blinzeln ins Licht.
Gibt's etwa schon Frühstück?

Und sie fürchten sich kein bißchen.
Nicht vor dem Wind
und vor dem Mann schon gar nicht.
«Schön weiterschlafen,
Miezeschnurrer», sagt der Mann
und knipst das Licht schnell aus.
Er schließt die Tür.
Den Katzen geht es gut, wie schön!

Er kann beruhigt zurück
ins warme, windgeschützte Haus.
Mit Petersilie,
weil er das versprochen hat.
Er will sich bücken,
um zu pflücken,
seine Hände kennen ja das Beet,
da tritt er auf was Weiches.
Das fühlt sich an wie Pelz
und nicht wie Petersilie.
Erschrocken hebt der Mann den Fuß ...,
da ist der Schlappen weg,
verschwunden im Beet.

Er tastet blind nach seinem Schlappen
und erwischt den Pelz.
Der Pelz quietscht auf,
und er muß lachen.
Das ist bestimmt die dicke Miezi,
die immer als erste
ihr Frühstück will!
«Husch, husch, zurück
ins Schuppenbett.
Fürs Frühstück ist's noch
viel zu früh, was denkst du denn!»
lacht der Mann und gibt dem Pelzchen
einen sanften Schubs.
Das Pelzchen sitzt und zittert.

Da stutzt der Mann,
er tastet mit beiden Händen …
und staunt:
Die Miezi ist ja so geschrumpft!
Vergessen ist der Schlappen.
Er hüpft, so schnell er kann,
auf einem Bein ins Haus.

«Schau mal, was ich dir gebracht hab'!»
sagt der Mann
und hüpft zu seiner Frau ans Bett.
«Leg sie ins Wasser», gähnt die Frau,
«dann bleibt sie frisch,
die Petersilie.»
Sie zieht die Decke über ihren Kopf.
«Ich werd' mich hüten»,
lächelt der Mann.
«Diese Petersilie mag das nicht,
da bin ich mir ganz sicher!»
Da ist die Frau mit einemmal hellwach.
Sie reißt die Augen auf.
«O Schreck!» stöhnt sie,
«wir haben doch schon elf!»
«Seit eben sind es zwölf!»
lächelt der Mann.
«Wir haben Platz genug.»

Das winzigkleine Kätzchen
zittert auf seiner Hand.
«Auf keinen Fall!» sagt die Frau
und setzt sich auf.
«Und übermorgen sind es dreizehn
und überübermorgen vierzehn.
Wo führt das hin?
Einmal muß Schluß sein
mit der Katzenschar.
Das mußt du einsehen.»
Der Mann seufzt und nickt.

«Die Katz' muß weg,
gleich morgen früh!»
sagt die Frau
und greift nach dem Kätzchen.
«Gib ihn mal her, den Winzling.»

Der Winzling zittert
und miaut ganz dünn.
«Er braucht ein Klo und was zum Essen,
er ist ja fadendürr», sagt die Frau.
«Heut nacht darf er hier schlafen,
aber denk dran, morgen früh ...»
Und sie streichelt
das magere Bäuchlein.
Der Mann bringt Katzenklo und Essen,
und gierig schlappt
der rabenschwarze Findling
die weiße Milch.
Er muß sofort aufs Klo.
Und muß schon wieder zittern.

«Kommt jetzt ins Bett!» sagt die Frau.
«Euch wird ja beiden kalt
und mir auch!»

Das Kätzchen hopst und hopst,
das Bett ist hoch
für Babykatzenpfoten.
Doch endlich hat 's sich hochgehopst,
auf den Kopf der Frau drauf.
Da versteckt es sich in ihrem Haar
und schnurrt ihr ins Ohr.
Es muß gar nicht mehr zittern.
Die Frau schläft wenig
in dieser Nacht.
Der Mann auch, ihm ist so bang
vor dem nächsten Morgen ...,
wo einer weg soll,
der doch bleiben möchte.
Und wenn er nun die Katzen fragt?
Schaut her,
da ist ein heimatloses Baby,
seid gefälligst lieb zu ihm.

Sie werden sich freuen,
ganz bestimmt, ein neuer Spielkumpan,
das ist doch schön.
Dann darf das Baby bleiben,
das wird die Frau verstehen.

«Wir lassen die Katzen entscheiden»,
flüstert der Mann der Frau ins Ohr.
Doch die ist eingeschlafen,
mit der Katz' im Haar.

Am nächsten Morgen
stehen vor dem Haus elf Katzen,
die Schwänze hochgestreckt,
und rufen nach ihrer Morgenmilch.
«Schaut her, ein heimatloses Baby!»
sagt der Mann und hält den Katzen
das Kätzchen entgegen.
Da ist das Kätzchen
schon von seiner Hand gesprungen
und auf die dicke Miezi zugesaust:
Bist du meine Mama?

Miezi weicht zurück
und faucht und haut,
und die anderen Mädchenkatzen fauchen
und hauen mit: Ein Kind!
Wir wollen hier kein neues Kind!
Wir sind eine Familie,
und du riechst fremd!

Geh weg, du fremdes Kind,
hau ab, aber schnell,
sonst kriegst du was auf die Ohren!
Das Kätzchen kneift die Augen zu
und hockt ganz still.
Und muß schon wieder zittern.

Die Bubenkatzen schleichen näher
und schnuppern an dem Fremdling.
Was ist denn das? Klein wie eine Maus
und riecht wie eine Katze.
Ob man mit der spielen kann?

Komm her, du Katzenmaus,
wir spielen mit dir Katz und Maus!
Sie schubsen sie
und stupsen mit den Pfoten,
und einer packt sie im Genick
und wirft sie in die Luft.
Schaut, wie das quietscht und zappelt.
Ist das nicht lustig?
Das Kätzchen landet auf dem Boden
und sitzt ganz still und zittert.
So eine blöde Katzenmaus!
Die Bubenkatzen marschieren ab,
die Schwänze stolz erhoben.
Einer gähnt.
Und einer haut der Kleinen
noch rasch auf den Kopf.
Wenn du auch nicht spielen willst!
Das hast du jetzt davon!

Mann und Frau schauen sich an
und gehen zurück ins Haus.
Der Mann seufzt tief,
und die Frau nickt:
«Ich hab' es ja gewußt!»

Die Katz' muß also wirklich weg,
da hilft nichts. Aber wohin?
Der Mann greift nach dem Pinsel.
Er malt an einem Katzenbild.
«Wir bringen sie zu guten Leuten»,
sagt er und taucht den Pinsel in die Farbe.

Die Katze ohne Schwanz
auf seinem Bild ist rot,
die Farbe aber grün …
«Kennst du welche?» fragt die Frau
und schaut aus dem Fenster.

Das Kätzchen zittert unterm Busch.
«Hier haben alle Leute selber Katzen,
die wollen keine mehr.»
Der Mann denkt nach und malt dabei
der roten Katze einen grünen Schwanz
und merkt es nicht ...

«Ich bringe sie ins Dorf,
jetzt gleich!» sagt er
und legt entschlossen den Pinsel weg.
«Da gibt es viele menschenlose Katzen,
die werden immer gefüttert.»
«Nicht jeden Tag», sagt die Frau
und schaut noch immer aus dem Fenster.
«So ein kleines Katzenbaby,
das braucht doch
jeden Tag sein Futter.
Wie soll es denn sonst wachsen?»
«Ich bringe es in den Wald!»
sagt der Mann
und will nach seiner Jacke greifen.
«Da kann es Mäuse fangen.»
«Ja, und der Fuchs fängt es zuerst!»
sagt die Frau.
«Es ist ja winzig wie 'ne Maus!»

Da ist das Kätzchen verschwunden.
«Es hat sich vor den Katzen versteckt,
so ein schlaues Kätzchen!» sagt der Mann
und greift wieder nach dem Pinsel.
«Oder vor uns!» sagt die Frau
und schließt das Fenster.
«Und wenn es Hunger hat,
dann ist es wieder da. Und dann?»

Aber das Kätzchen bleibt verschwunden,
den ganzen Tag lang.
Am Abend füllt der Mann
die Katzenschüsselchen und ruft.

Da stürmen sie herbei,
die dicke Miezi vorneweg,
dann Franz und Suse, die freche Anna,
Ida und der dicke Tizio,
die Zwillinge Feli und Felo
und zum Schluß
der wüste Raufebold Nano.

Domino sitzt wie immer abseits
und Mimi auf dem Baum.
Ein nachtschwarzes Kätzchen
ist nicht dabei.
«Es ist zurückgelaufen
zu seiner Mama!»
sagt der Mann zur Frau.
Sie stehen beide und schauen zu,
wie die Katzen schmatzen.

«Mach dich nicht lächerlich!»
sagt die Frau
und nimmt den Nano auf den Arm,
weil der immer die Miezi zwackt.
«Die Mama von der Kleinen,
die ist bestimmt gestorben.
Hätte sie sonst ihr Kind verlassen?»
Die Frau schläft wieder schlecht
in dieser Nacht. Der Mann aber auch.
Und dabei ist doch gar kein Wind!

Der nächste Morgen ist wie immer.
Elf Katzen wollen ihre Morgenmilch,
ein zwölftes Kätzchen ist nicht dabei.
«Gott sei Dank!» sagt die Frau
und geht in den Garten,
die Wäsche abhängen.
Das tut sie gerne,
weil die windfrische Flatterwäsche
so fein riecht.
Sie schnuppert gerne an den Laken.
Doch heute mag sie nicht.
Sie schaut nach rechts und links,
hoch in die Bäume, tief ins Gras,
und immer wieder fallen ihr
Wäscheklammern aus der Hand ...
Sie schaut auch in den Wäschekorb,
da sitzen gerne die Katzen drin
und spielen mit den Unterhosen.

Der Wäschekorb ist leer.
Die Frau seufzt leise,
zuckt die Schultern und
will nach einem Handtuch greifen.
Die Wäsche muß runter,
es hilft nichts …

Da ist dem Handtuch
ein Schwänzlein gewachsen,
ein nachtschwarzes,
das wackelt hin und her.
«Petersilie, Lausekatze!»
ruft die Frau und lacht …
Und Domino kann gar nicht begreifen,
warum er heute einen Klaps bekommt.
Handtuchschaukeln ist doch lustig!
Das hat er sonst immer gedurft!
Der Mann steht in der Küche,
er will kochen. Das macht er gerne,
weil Kochen so fein riecht.
Und weil er das gut kann.
Das finden die Katzen auch
und streichen oft um seine Beine.
Es könnte ja zufällig
ein Happen zu Boden fallen!

Heute ist die Küche leer,
obwohl der Mann
in alle Küchenschränke kriecht.
Braucht man zum Kochen so viele Töpfe?
Vielleicht nicht grad zum Kochen,
aber ... da!
Aus der blauen Suppenschüssel,
da schaut was raus! Das sind
rabenschwarze Katzenohrenspitzen!
«Petersilchen!» lacht der Mann,
«hab keine Angst!» und streichelt
aufgeregt die Suppenschüssel ...
Und Mimi kann gar nicht begreifen,
warum sie heute einen Klaps bekommt!
In Suppenschüsseln sitzen
ist doch lustig!
Das hat sie sonst immer gedurft!

Und was machen die anderen Katzen?
Die dicke Miezi, Franz und Suse,
die freche Anna, Ida
und der dicke Kater Tizio?
Die Zwillinge Feli und Felo
und der Raufebold Nano?
Sie machen, was sie immer machen
um diese Zeit.

Sie spielen und raufen, schlafen
und fangen Schmetterlinge.
Dann zanken sie sich
um den armen Schmetterling.
Der ist längst tot.

Die liebe Suse putzt den Nano
und beißt ihm dabei ins Ohr.
Nano zwickt ihr dafür
kräftig in den Bauch,
und Suse kreischt laut auf.
Es ist wie immer. Katzenfriedlich!
Die fremde kleine Katze
ist verschwunden,
der unwillkommene Fremdling.
Was für ein Glück.

«Sie ist verschwunden,
ganz von selber.
Wir haben noch mal Glück gehabt»,
sagt die Frau und stellt
das Mittagessen auf den Tisch.

«Nun sind wir wieder unter uns.»
«Was für ein Glück», seufzt der Mann
und rührt herum im Rührei.

«Die Petersilie fehlt.
Ohne Petersilie schmeckt's mir nicht.»
Und er steht auf.
«Ich geh' rasch Petersilie holen.»
«Ja, wo denn?» fragt die Frau,
und plötzlich muß sie weinen.
Mitten aufs Rührei.

Die kleine Babypetersilie ...
der Fuchs im Wald ...
ein schnelles Auto auf der Straße ...
böse Menschen,
die kleine Kätzchen quälen ...

«Wenn sie wiederkommt,
darf sie bleiben!»
tröstet der Mann
und nimmt die Frau in den Arm.
«Sie hat doch schon einen Namen!»
Denn wenn man einen Namen hat,
dann ist man auch willkommen.
«Wir müssen sie suchen!»
schluchzt die Frau. «Jetzt gleich,
mir ist der Appetit vergangen.»

Und sofort stürzen beide los
und suchen.
Das Rührei bleibt ungegessen
auf dem Tisch zurück.

Die Frau kriecht herum im Garten
und durchwühlt jeden Busch und Strauch.
Beim Fliederbusch sucht sie besonders,
so heftig, daß die Blüten fallen.

Der Mann sucht auf der Straße.
Und jedesmal, wenn er
ein kleines schwarzes Häuflein
liegen sieht am Straßenrand,
erschrickt er sehr!
Das ist die Petersilie, totgefahren!
Nein, es ist bloß ein alter Lappen
oder ein Stück Autoreifen.

Petersilie ist nicht im Garten,
Petersilie ist nicht auf der Straße.
Im Wald vielleicht?

Da suchen Mann und Frau
gemeinsam.
Sie steigen auf Bäume,
sie graben in Erdlöchern,
sie rufen und locken.

Die Frau ist schon ganz heiser.
Der Mann hat schwarze Fingernägel
und die Frau zerkratzte Beine.
Der Mond steigt hoch,
es wird bald Nacht,
so lange haben sie gesucht. Umsonst.
«Komm, laß uns gehen!» sagt der Mann.
«Die Katzen müssen
ihr Abendessen kriegen,
sie können ja nichts dafür!»

Die Frau nickt
und muß immerzu dran denken,
wie nun das kleine Katzenbaby,
allein und verloren
und hungrig und durstig ...
Und Durchfall hat es auch gehabt.
Und Angst. Und niemand hat es gewollt.
Sie nicht, die Katzen nicht,
der Mann auch bloß ein bißchen.
Das darf nicht sein. Das ist aber so.
Die Frau weint.
Den ganzen Heimweg lang.
Der Mann schluckt und
muß sich dauernd räuspern.

Und wo sind die Katzen?
Im Schuppen natürlich,
da kuschelt sich Pelz an Pelz.

Wenn die Sonne geht
und die kühlen Abendwinde wehen,
dann gibt's doch immer
das Katzenabendessen.
Danach geht's auf die Jagd,
den Mäusen hinterher,
die halbe Nacht lang. Heute nicht.
Die Menschen sind nicht dagewesen,
macht nichts, die Bäuche sind
trotzdem voll und satt.

Die Jagd wird verschoben auf später.
Felo schnurrt Feli ins Ohr
und hat den Schwanz
um Felis Hals gekringelt,
Miezi schnauft in der Schubkarre,
weil Franz auf ihrem Rücken schläft.
Die anderen liegen
auf dem Feuerholz und
träumen pfotenzuckend vor sich hin.
Domino schnarcht.

Und auf dem alten Mottensessel
liegt heute ganz allein
der dicke Kater Tizio … ganz allein?
An seinen fetten Bauch gekuschelt
ist da was Kleines, Rabenschwarzes,
und nuckelt an seiner Pfote!
Ich glaub', du bist meine Mama!
Der fette Kater Tizio schnurrt
und schleckt der kleinen Petersilie
drei gelbe Bröckchen Rührei
von dem schwarzen Köpfchen.

© 1996 Verlag Nagel & Kimche AG, Zürich/Frauenfeld
Alle Rechte der Verbreitung, auch durch Film, Funk und
Fernsehen, fotomechanische Wiedergabe, Tonträger jeder Art und
auszugsweisen Nachdruck, sind vorbehalten
Umschlag und Illustrationen von Susann Opel-Götz
ISBN 3-312-00797-6

Gudrun Mebs wurde 1944 geboren und wuchs in Frankfurt am Main auf. Mit siebzehn Jahren ließ sie sich zur Schauspielerin ausbilden. Sie arbeitete für Theater, Rundfunk und Fernsehen. 1980 begann sie zu schreiben. Gudrun Mebs wurde mit zahlreichen Preisen ausgezeichnet, unter anderem erhielt sie den «Deutschen Jugendliteraturpreis» und das Bundesverdienstkreuz. Ihre Bücher wurden in 24 Sprachen übersetzt.

Von Gudrun Mebs erschienen außerdem bei Nagel & Kimche:
Meistens geht's mir gut mit dir
Mariemoritz
Schokolade im Regen

Susann Opel-Götz wurde 1963 geboren. Sie studierte Kunst an den Universitäten Frankfurt und München und arbeitet seit 1988 als freischaffende Illustratorin von Kinder- und Jugendbüchern.

Von Susann Opel-Götz illustrierte Bücher bei Nagel & Kimche:
Lukas Hartmann: Die wilde Sophie
Walter Wippersberg:
Max, der Unglücksrabe
Käthe Recheis: Sechs Eulen und sechs Mäuse
Hans Manz: Schöne Träume
Hans Manz: Vom Maulaufreißen und Um-die-Ecken-gucken
Lukas Hartmann: So eine lange Nase